Alles zu sehen, alles zu kennen...

...was in unserem Blickfeld liegt, lag schon immer in der Neugier der Menschen.

Schauen und staunen!

Der Panorama-Rundblick auf der Innenseite dieses Führers zeigt die Schönheit der Allgäuer und Tannheimer Berge – beschreibt ihre Gipfel, Almen und Talorte. Viele Kilometer reicht der Blick in die Ferne!

Wander- und Urlaubsparadies

Zahlreiche Anstiege und Wege führen Wanderer und Erholungsuchende auf Gipfel und Almen der umliegenden Berge. Einige haben wir auf den folgenden Seiten zusammengestellt. Gemeinsam mit wertvollen Informationen und Tipps soll dieser Panorama-Guide® Ihr Begleiter bei den Ausflügen in und um Füssen sein.

Füssen im Allgäu – die romantische Seele Bayerns

Bayerns höchstgelegene Stadt ist ein bekannter Urlaubsort am Kreuzungspunkt der „Romantischen Straße" mit der „Deutschen Alpenstraße" und ein idealer Ausgangspunkt für Besuche in den nur 4 km entfernten Königsschlössern Neuschwanstein und Hohenschwangau, in der Wieskirche und im Schloss Linderhof. Vom Lech her zeigt sich die mehr als siebenhundertjährige Stadt von ihrer schönsten Seite. Wie von Künstlerhand gezeichnet, erheben sich das Hohe Schloss, die barocke Klosteranlage St. Mang und die verwinkelten Altstadtdächer aus dem satten Grün der umgebenden Natur. Unterschiedliche geschichtliche Epochen begegnen sich hier in einem romantischen Ensemble: mittelalterliches Gassengewirr, hohe gotische Giebel, die alten Stadtmauern, daneben reich dekorierte barocke Kirchen. Die vielen Straßencafés verleihen der Altstadt im Sommer ein fast italienisches Flair. Im Museum der Stadt Füssen im einstigen Benediktinerkloster St. Mang sind prachtvolle Barocksäle, eine der europaweit schönsten Sammlungen historischer Lauten und Geigen und der Füssener Totentanz zu sehen. Das Hohe Schloss beeindruckt innen mit einer Filialgalerie der Bayerischen Staatsgemäldesammlungen und an den Hoffassaden mit sehenswerten Illusionsmalereien.

Stadtführungen: jeden Samstag um 9.30 Uhr ab Tourist Information Füssen. Oder benutzen Sie Ihr Handy als Stadtführer! Informationen zur Handy-Stadtführung finden Sie auf den Informationstafeln an den einzelnen historischen Gebäuden.

Rund um die Kernstadt Füssen liegen die Ortsteile im Grünen: Bad Faulenbach im versteckten Naturpark Faulenbacher Tal; Hopfen am See, wegen seines südländisch eleganten Ortsbildes und wegen des fantastischen Panoramablicks über den Hopfensee auf die Alpengipfel als "Allgäuer Riviera" gerühmt; das ländlich-beschauliche Weißensee, vom ADAC als Familienurlaubsort empfohlen und mit vielen Möglichkeiten für Ferien auf dem Bauernhof.

Füssen garantiert ganzjähriges Urlaubsvergnügen. Kunst & Kultur genießt man hier nicht nur beim Sightseeing, sondern auch bei hochkarätigen Veranstaltungen (Fürstensaalkonzerte, Saiteninstrumentenfestival „vielsaitig", Programm im Festspielhaus Füssen) und Festen in historischem Ambiente. Landschaft & Aktivität verbinden sich im Allgäuer Königswinkel zu einer faszinierenden Erlebniswelt. Und natürlich steht der vielfach prädikatisierte Kurort Füssen auch für eine hohe Kompetenz im Bereich Gesundheit & Wellness.

Am Buch, 1056 m
© PANORAMA-VERLAG
C. SCHICKMAYR KG
Füssen im Allgäu

Edelsberg, 1629 m
Alpspitze, 1575 m

Aktivurlaub in königlicher Landschaft

Mehr als zehn Seen laden zum **Baden und Wassersport** ein, so dass jeder seinen ganz persönlichen Favoriten finden kann. Naturfreibäder: Mittersee und Obersee im Faulenbacher Tal, Hopfensee, Weißensee, Alpsee. Badeplätze: Forggensee, Alatsee, Schwansee, Bannwaldsee, Hegratsriedsee, Illasbergsee. Von Anfang Juni bis Mitte Oktober kann man bei **Schiffsrundfahrten** auf dem Forggensee ganz entspannt die grandiose Aussicht genießen. Segler und Surfer messen sich auf dem Forggensee, Hopfensee und Weißensee (nur Surfer) mit dem Wind. Im Winter wird vor allem der Hopfensee zum Eldorado der Eisläufer und Eissegler.

Mit 1.500 Kilometern beschilderter **Rad- und Mountainbikerouten** bietet die Region alles für einen Urlaub auf zwei Rädern. Die Routen reichen von der Genuss-Tour durchs Voralpenland bis zum knackigen Mountainbike-Trail in den Ammergauer Bergen. Radelfans können sich per Mausklick über das Tourenangebot informieren: www.rad-ostallgaeu.de

Wanderwege gibt es in allen Höhenlagen und für jeden Anspruch, davon 200 Kilometer allein im Ortsgebiet Füssen. Nur einen Klick weit entfernt: das GPS-basierte Online-Wanderportal www.wandern-ostallgäu.de mit vielen Routentipps. Winterwanderern macht vor allem die Wander-Rodel-Kombitour zur Drehhütte, Saloberalpe, Bleckenau oder Vilser Alpe Spaß.

Füssen gehört zur exklusiven Familie der deutschlandweit nur 11 „Kneipp Premium Class"-Orte. Frei zugängliche **Kneippanlagen:** Kneippwiese Bad Faulenbach (Nähe Mittersee), Alatsee (Nähe Hotel), Strandbad Hopfensee, Uferpromenade in Hopfen am See (Nähe Campingplatz und Nähe Minigolf), Freibad Weißensee.

Im **Walderlebniszentrum Ziegelwies** gibt es für Familien mit Kindern viele spannende Angebote.

Die Erlebnispfade „Auwaldpfad" (1,5 km) und „Bergwaldpfad" (1,7 km) vermitteln spielerisch Informationen über den Lebensraum Wald – abwechslungsreiche „Mitmach-Stationen", Abenteuerspielplatz, Bachüberquerung per Floß und Riesenrutsche inbegriffen. Im Informationspavillon sind wechselnde Themenausstellungen zu sehen.
Der **Füssener Skibus** fährt im Winter täglich ein anderes Pistengebiet des Skiverbunds „Allgäu/Tirol – Vitales Land" an. Skilangläufern bietet der Allgäuer Königswinkel ein vom ADAC empfohlenes **Top-Loipenrevier.**
Und was man sonst noch outdoor unternehmen kann? Drachenfliegen und Paragliding am Tegelberg, Nordic Walking, Reiten, Golf, Angeln, Klettern, Kanufahren, Schneeschuhwandern … und … und … und …

Breitenberg, 1838 m
Falkenstein, 1268 m
Kühgundkopf, 1852 m
Schönkahler, 1688 m
Kienberg, 1535 m
Sorgschrofen, 1638 m

Kegel, 1844 m
Füssener Jöchle, 1818 m
Sefenspitze, 1950 m
Sebenspitze, 1938 m
Roßberg, 1948 m
Brentenjoch, 2001 m
Aggenstein
E R B E R G E
Zirmgrat, 1289 m

WANDERTOUREN

Weißensee-Rundweg

Schwierigkeit: leicht
Gehzeit: 1,5 bis 2 Stunden
Höhendifferenz: keine
Route: Vom Parkplatz am Freibad Weißensee oder vom Parkplatz des Ostufers an der Zufahrtsstraße zum Alatsee folgen Sie dem ca. 6 km langen Weißensee-Rundweg. Einen Abstecher lohnen im Ortsteil Oberkirch die St.-Nikolaus-Kirche oder die Kirche St. Walburga im Ortsteil Weißensee mit einem Hochaltar von Dominikus Zimmermann.

Hopfensee-Rundweg

Schwierigkeit: leicht
Gehzeit: 1,5 bis 2 Stunden
Höhendifferenz: keine
Route: Ausgangspunkt ist der Parkplatz am Campingplatz Hopfensee oder der Parkplatz an der Uferstraße in Hopfen am See. Von hier folgt man dem Hopfensee-Rundweg für ca. 6,8 km.

Drei-Schlösser-Runde

Schwierigkeit: leicht
Gehzeit: 3 bis 3,5 Stunden
Höhendifferenz: ca. 165 m

Route: Ausgangspunkt ist die Tourist Information Füssen. Der Weg verläuft durch die Reichenstraße vorbei am Hohen Schloss und über die Theresienbrücke. Nach der Brücke biegt man rechts in die Tiroler Straße ein bis zur Frau-am-Berg-Kirche. Vor der Kirche führt links ein Weg hinauf zum Kalvarienberg (schöner Fotopunkt!). Von dort folgt man der Beschilderung zum Schwansee. Entlang des nördlichen Seeufers gelangt man durch den Schwanseepark zur Ortschaft Hohenschwangau mit den Schlössern Neuschwanstein und Hohenschwangau. Der Rückweg verläuft über die Fürstenstraße bis zum Pindarplatz am Alpsee, von dort schlägt man rechts den Alpenrosenweg ein und folgt der Beschilderung zum Lechfall. Über den Maxsteg erreicht man Bad Faulenbach; entlang des Lechufers gelangt man zurück zur Füssener Altstadt.

Schönkahler (1688 m)

Schwierigkeit: mittel
Gehzeit: 5 bis 6 Stunden
Höhendifferenz: ca. 700 m

Route: Ausgangspunkt ist das Achtal, Pfronten. Von dem Parkplatz kurz vor dem ehemaligen Zollhaus an der Straße Pfronten-Grän beginnt man den Aufstieg. Zunächst überquert man den Kotbach und wandert in Richtung Pfrontener Alpe (nicht bewirtschaftet). Über den Südrücken gelangt man dann zum aussichtsreichen Gipfel des Schönkahlers. Zurück geht es wieder an der Pfrontener Alpe vorbei, wo man nun aber nördlich abbiegt und über das Ächsele zur Bärenmoosalpe (bewirtschaftet) wandert. Von hier steigt man wieder ins Achtal hinunter und gelangt entlang der Straße Pfronten-Grän nach 2 km wieder zum Ausgangspunkt.

Gehrenspitze, 2163 m
Kellenschrofen, 2091 m
Kellenspitze, 2240 m
Schäfer, 2060 m
Karretschrofen, 2036 m
Große Schlicke, 20
T A N N H E I M
m
Füssen

...r, 2343 m
Rintljoch, 2166 m
Namloser Wetterspitze, 2554 m
Galtjoch, 2112 m
Knittelkarspitze, 2378 m
LECHTALER ALPEN
...ngau
Schwarzenberg,
...GGENSEE
...lasberg, 855m

Tegelberg (1707 m)

Schwierigkeit: mittel bis schwer
Gehzeit: 5,5 bis 6,5 Stunden
Höhendifferenz: ca. 920 m

Route: Von der Tegelberg-Talstation (Parkplatz) steigt man über den Schutzengelweg auf zur Rohrkopfhütte (bewirtschaftet). Von hier geht es weiter bis hinauf zum Tegelberghaus (bewirtschaftet). Den Abstieg geht man auf dem Ahornreitweg über den Branderfleck bis zur Bleckenaustraße. Hier kann man entweder 15 Minuten bergauf zum Berggasthaus Bleckenau (bewirtschaftet) gehen und von dort mit dem Hüttenbus hinunter nach Hohenschwangau fahren oder über die Bleckenaustraße direkt nach Hohenschwangau absteigen. Von dort führt ein beschilderter Weg über die Gipsmühle und an der Pöllatschlucht entlang zum Ausgangspunkt.

Aggenstein (1987 m)

Schwierigkeit: schwer
Gehzeit: 6 bis 7 Stunden
Höhendifferenz: ca. 1200 m

Route: Ausgangspunkt ist die Talstation der Breitenbergbahn. Der Weg führt über die Reichenbachklamm zur Bad Kissinger Hütte (bewirtschaftet, 1788 m). Von hier steigt man über einen Pfad bis kurz unter den Gipfel. Hier folgt ein kurzer Klettersteig mit fixiertem Seil. Beim Abstieg gibt es mehrere Möglichkeiten: Entweder über den gleichen Weg zurück oder über den Breitenberg (ab Bergstation Hochalpbahn oder ab Bergstation Breitenbergbahn Talfahrt möglich) und den Weg an der Gondeltrasse bis zur Talstation der Breitenbergbahn.

Große Schlicke (2060 m)

Schwierigkeit: mittel bis schwer
Gehzeit: 7 bis 8 Stunden
Höhendifferenz: ca. 1250 m

Route: Vom Parkplatz hinter dem Gasthof Bärenfalle kurz hinter Roßschläg (alte Bundesstraße Füssen-Reutte) steigt man auf einem breiten Forstweg – vorbei an der Musauer Alm (bewirtschaftet, 1290 m) – auf zur Füssener Hütte (bewirtschaftet, 1550 m). Ab hier führt der Weg steil und direkt auf die Große Schlicke. Für geübte Wanderer gibt es die Möglichkeit, über einen steilen Wandersteig schon ab der Musauer Alm direkt auf den Gipfel der Großen Schlicke zu gelangen.

Säuling (2047 m)

Schwierigkeit: sehr schwer (alpine Gefahren, nur für Geübte)
Gehzeit: 6 bis 8 Stunden
Höhendifferenz: ca. 1230 m

Route: Ausgangspunkt ist Hohenschwangau (Parkplatz). Hinter dem Gymnasium steigt man über die Pöllatschlucht (nur im Sommerhalbjahr geöffnet) hinauf zur Kreuzung nahe der Marienbrücke oberhalb von Schloss Neuschwanstein. Dann geht es auf dem Wasserleitungsweg (Brunnenstubenweg) in Richtung Bleckenau bis zur Abzweigung der Gipfelroute. Man steigt erst auf breitem, dann schmälerem Weg zum kleinen Boden des Älpeles empor und weiter in nun steilerem Gelände in die Wildsulz, mit Wegverzweigung. Links über eine Stufe empor, durch sehr steile Hänge nach Osten auf einen Geländerücken und weiterhin in steiler Flanke (Sicherungen, Leiter) kommt man zur breiten Schulter des Säulings mit der Gamswiese. Von dort geht es erst über Gras, dann zwischen Felsen zum höchsten Punkt. Der Abstieg kann auf der gleichen Route oder als Rundweg zunächst in Richtung Süden zum Säulinghaus (bewirtschaftet) und dann um den Pilgerschrofen herum wieder zur Abstiegsroute erfolgen.

Panorama von

010 m
Branderschrofen, 1880 m
Tegelberg, 1707 m
I R G E
ILLASBERGSEE

MTB-Touren:
Rund um Salober und Falkenstein

Schwierigkeit: leicht
Länge: ca. 26 km
Höhendifferenz: 310 m

Route: Los geht es im Füssener Ortsteil Bad Faulenbach. Man fährt durch das Faulenbacher Tal hoch zum Alatsee. Am Südufer fährt man hinunter nach Vils und dann weiter in Richtung Pfronten. Man passiert Pfronten-Steinach und Pfronten-Meilingen. Anschließend geht es weiter in Richtung Roßmoos. Am Weißensee-Nordufer entlang nach Füssen und durch die Morisse-Felsenge zurück ins Faulenbacher Tal.

Dreiländereck

Schwierigkeit: mittel
Länge: ca. 23 km
Höhendifferenz: 530 m

Route: Ausgangspunkt ist in Füssen der Parkplatz am Forggensee-Bootshafen. Man fährt auf dem Lechuferweg und über die Lechbrücke nach Hohenschwangau. Von hier geht es über die Fürstenstraße am Alpsee-Nordufer entlang bis zur

Staatsgrenze. Hier nimmt man den Abstecher mit ca. 40-minütigem Anstieg zum Dreiländereck (schöner Panoramablick). Anschließend fährt man die gleiche Abfahrt wieder hinunter und fährt an der Grenze rechts weiter zum Gasthof Schluxen. Von dort geht es am Hangfuß entlang und über den Kratzerweg (kurze Tragestrecke) zum Kraftwerk Weißhaus und weiter auf dem Radweg am Lechfall vorbei zurück nach Füssen.

Jägerhütte

Schwierigkeit: schwer
Länge: ca. 26 km
Höhendifferenz: 630 m

Route: Vom Parkplatz Morisse in Füssen fährt man zuerst in Richtung Bad Faulenbach und dann über den Maxsteg, das Königssträßchen und am Schwansee vorbei bis nach Hohenschwangau. Dort geht es steil über die Rodelbahnstrecke bis zur „Jugend". Über den sogenannten Wasserleitungsweg (Brunnenstubenweg) fährt man rechts weiter zur Bleckenau (bewirtschaftet). Danach geht es weitere 5 km zum Teil sehr steil hinauf zur Jägerhütte (bewirtschaftet). Für den Rückweg fährt man entweder die gleiche Strecke zurück oder weiter über den Schützensteig hinunter zur Straße Linderhof-Reutte (Schiebepassage) und kurz vor dem Plansee rechts abbiegend, über die Kuhklause und den Urisee und dann über Pflach, Pinswang und Schluxen vorbei am Alpsee zurück nach Füssen.

926 m
Weitalspitze, 1870 m
Hochplatte, 2082 m
Geiselstein, 1884 m
Gumpenkarspitze 1910 m
Krähe, 20
Gabels
A M M E R G E B
Schönleitenschr
1703 m

pitz, 1882 m
ammspitz, 1924 m
Schwarzenkopf, 1684 m
Feigenkopf, 1867 m
Grubenkopf, 1847 m
Firstberg, 1784 m
Scheinber
Buchenberg, 1142 m

Hüttentouren – die Klassiker

Saloberalm (1150 m):

Direkt an den Fernwanderwegen E 4 und Via Alpina gelegen, bietet diese Berghütte einen traumhaften Ausblick auf die Tannheimer Berge und die Allgäuer Alpen. Wandervorschlag: Füssen – Bad Faulenbach – Faulenbacher Tal – Alatsee – Saloberalm (Gehzeit einfach ca. 1,5–2 Stunden). Erreichbar auch mit direkter Anfahrt bis zum Parkplatz Alatsee (Gehzeit einfach dann ca. 45 Minuten).

Bleckenau (1164 m):

Der bayerische König Maximilian II. ließ das heutige Berggasthaus Bleckenau im 19. Jahrhundert als sogenanntes „Schweizerhaus" für seine Frau Marie erbauen. Wandervorschlag: Hohenschwangau – Schloss Neuschwanstein – Jugend – Bleckenaustraße – Bleckenau (Gehzeit einfach ca. 1,5 Stunden). Rückweg auch über Brunnenstubenweg oder im Sommer per Hüttenbus möglich. Wird die Tour mit einer Schlossbesichtigung kombiniert, müssen die Tickets bereits vor der Tour im Ticket Center (Ortschaft Hohenschwangau) gekauft werden.

Drehhütte (1250 m):

Diese Wanderung kann mit einem Abstecher zur oberhalb gelegenen Rohrkopfhütte (1320 m) verlängert werden. Wandervorschlag: Parkplatz Adlerhorst / Outward Bound (östlich von Schwangau ab B 17 beschildert) – Drehhütte (Gehzeit einfach ca. 1–1,5 Stunden) – Rohrkopfhütte (Gehzeit ab Drehhütte einfach ca. 30 Minuten). Rückweg auch über Schutzengelweg und Tegelberg-Talstation möglich.

Buchenbergalm (1140 m):

Schöner Blick ins Voralpenland und nach Süden auf Geiselstein, Hochplatte und ins Kenzengebiet. Wandervorschlag: Talstation Sesselbahn Buching – Kulturenweg – Buchenbergalm – Alpe Ebene – Buching (Gehzeit gesamt ca. 3 Stunden). Bergfahrt oder Talfahrt per Sesselbahn möglich.

Gundhütte (1180 m):

Die hoch über dem Pfrontener Vilstal gelegene Gundhütte steuern Wanderer und auch Mountainbiker gerne an. Wandervorschlag: Parkplatz Feuerwehrhaus Pfronten-Röfleuten – Sonnenlift – Forstweg – Gundhütte (Gehzeit einfach ca. 1,5 Stunden). Rückweg auch über Vilstal möglich.

Grundausrüstung und Verhaltensregeln für Bergsteiger

Ausrüstung: Wandern in den Bergen ist eine der schönsten Freizeitbeschäftigungen für Jung und Alt. Das Vermeiden von Selbstüberschätzung sowie entsprechende Ausrüstung und Verhalten steigern die Freude am Wandern und helfen, Unfälle zu vermeiden. **Besonders wichtig:** feste, knöchelhohe Schuhe mit fester, griffiger Sohle; atmungsaktive Kleidung (Transtex-Material). Im Rucksack sollten folgende Dinge nie fehlen: Erste-Hilfe-Set für kleine Verletzungen, Sonnenbrille und Sonnenschutzcreme, Wechselkleidung (trockene Unterwäsche), Kappe oder Mütze und Windjacke (bei Wetterumschwung wird es in den Bergen schnell kalt) evtl. Handschuhe (für Wege mit Stahlseilversicherung Lederhandschuhe), Stirnlampe, Trillerpfeife, Wanderkarte. Ausreichend Flüssigkeit in bruchfesten Flaschen, Müsliriegel oder ähnliches zur Kräftigung mitnehmen!

Gehen mit Stöcken ist grundsätzlich zu empfehlen. Nicht nur die Knie werden entlastet, sondern auch die Muskulatur des ganzen Körpers wird gleichmäßiger eingesetzt. Vorsicht mit Stöcken in felsigem Gelände, da sie hier gerne in Felsritzen steckenbleiben und so das Gleichgewicht gefährden.

Unfallrisiken vermeiden: Bleiben Sie auf den markierten Wegen! Nur zu schnell befindet man sich abseits markierter Wege im unwegsamen Gelände. Wenn Sie den Blick in die Höhe schweifen lassen, besonders auf schmalen ausgesetzten Wegen, bleiben Sie stehen! Eine kurze Gleichgewichtsschwankung muss ja nicht gleich zum Absturz führen, auch ein Stolpern mit Knöchelverstauchung kann in den Bergen schon gefährlich sein.

Wegfindung: Achten Sie bei der Auswahl von Wanderkarten auf Aktualität. Besonders beim Wandern auf minder markierten Wegen den Blick nicht nur auf den Boden, sondern auch nach vorne zu den nächsten Markierungen richten. Regelmäßig orientieren, also auch nach hinten blicken und sich den Wegverlauf einprägen. Mit der Landschaft vertraut machen.

Grundregeln für Mountainbiker

1. **Fahren Sie nur auf Wegen.** Fahren Sie nicht querfeldein, da dies die Natur schädigt. Respektieren Sie auch lokale Wegsperrungen.
2. **Hinterlassen Sie keine Spuren.** Passen Sie Ihre Fahrweise dem Untergrund und der Wegbeschaffenheit an. Bremsen Sie nur in Notsituationen mit blockierenden Rädern, da andernfalls Bodenerosionen und Wegschäden verursacht werden.
3. **Halten Sie Ihr Mountainbike unter Kontrolle.** Passen Sie Ihre Geschwindigkeit der jeweiligen Situation an und nehmen Sie Rücksicht auf Fußgänger, andere Biker und Hindernisse. Zur eigenen Sicherheit und der anderer seien Sie achtsam und sorgen Sie dafür, dass Sie in Sichtweite anhalten können.
4. **Respektieren Sie andere Personen.** Kündigen Sie Ihre Vorbeifahrt frühzeitig an und vermindern Sie Ihre Geschwindigkeit auf Schrittgeschwindigkeit oder halten Sie an.
5. **Nehmen Sie Rücksicht auf Tiere.** Weidetiere und alle anderen Tiere in Wald und Flur bedürfen besonderer Rücksichtnahme.
6. **Planen Sie im Voraus.** Planen Sie Ihre Route. Berücksichtigen Sie hierbei Ihre Fähigkeiten, das Gelände und mögliche Wettersituationen. Planen Sie auch alternative Routen ein. Prüfen Sie vor der Abfahrt Ihre Ausrüstung. Denken Sie vor dem Start an Werkzeug, Erste-Hilfe-Set und Proviant sowie Sicherheitsausrüstung. Helm und Handschuhe müssen immer dabei sein.
7. **Informieren Sie einen Dritten.** Aus Sicherheitsgründen ist es sinnvoll, einem Dritten Ihr Tourziel und die Route, etwaige Ankunftszeit und eine Mobilfunknummer mitzuteilen.
8. **Nehmen Sie genügend zu trinken mit.** Beim Sport kann der Körper bis zu vier Liter Flüssigkeit verlieren. Auf längeren Touren sollte daher ausreichend Wasser getrunken werden. Bedenken Sie auch, dass an wärmeren Tagen der Wasserbedarf erhöht ist.

pf, 1527 m
Hochrieskopf, 1470 m
Görgeleck, 1429 m
Kleine

Hohe Bleick, 1638 m

Regionale Flora

Almrausch

Stängelloser Enzian

Silberdistel

Edelweiß

Der **Almrausch**, auch bewimperte Alpenrose genannt, benötigt kalkhaltigen, steinigen, trockenen Boden und wächst gesellig in Latschenbeständen. Kommt in den mittleren und östliche Alpen in Höhenlagen von 600 bis 2500 m vor und färbt oft ganze Almen rot.

Der **Stängellose Enzian** (Gentiana acaulis) wächst bis auf 2400 m und kommt vor allem in den nördlichen und südlichen Randalpen vor. Diese Art wächst auf subalpinem und alpinem Magerrasen sowie auf frischen, kalkarmen, sauren Böden.

In den Tannheimer Bergen findet man auch den **Gelben Enzian**. Die stattliche Pflanze mit den in Scheinquirlen gehäuften gelben Blüten ist unverwechselbar. Sie wächst meist gesellig in Magerrasen, in Hochgrasfluren oder in lichten Nadelmischwäldern. Auch auf Felsschutt und in Grünerlengebüschen. Die Wurzel des Gelben Enzian wird zu Schnaps, dem bekannten „Enzian“ gebrannt, deshalb immer seltener anzutreffen. Er ist wie alle Enzian-Arten geschützt.

Die Silberdistel

(Stengellose Eberwurz) ist eine wärmeliebende Pflanze und kommt das ganze Jahr über auf Magerweiden und -rasen, Heiden, Wegen und Böschungen vor. Es gibt mehrere Rassen, die im ganzen Alpenraum bis 2800 m anzutreffen sind. Sie galt im Mittelalter als Heilmittel gegen die Pest.

Edelweiß, als typische Alpenblume allgemein bekannt und unverwechselbar. Weißfilzige Hochblätter, die die ausschließlich aus Röhrenblüten zusammengesetzten Blütenköpfchen umgeben, erwecken den Anschein einer großen Blüte. Das Edelweiß besiedelt sonnige Steinrasen, Matten oder Felsbandgesellschaften, meist in Südlagen, bevorzugt auf Kalk. Dass die Art heute nur noch an unzugänglichen Felswänden vorkommt, hängt mit der Souvenirleidenschaft unvernünftiger Menschen zusammen. Zwischen 1000 und 3000 m Höhe im ganzen Alpenraum verbreitet, aber selten.

Bergaster

Die Alpenaster ist – wie die **Bergaster** – mit ihrer auffälligen Färbung im gesamten Alpenraum, aber auch in den Pyrenäen, in Asien und Nordamerika beheimatet und bis auf 3100 m Höhe angesiedelt. Sie liebt sonnige Standorte, trockene und kalkreiche Böden und wächst gerne an Felsen.

Schwarzes Kohlröschen

Das Schwarze Kohlröschen ist am kugeligen bis eiförmigen Blütenstand leicht zu erkennen. Es duftet stark nach Vanille. Die Blütenfarbe variiert von Schwarz- bis Hellrot (Hellrotes Kohlröschen). Benötigt mäßig feuchte und mäßig saure Böden und siedelt sich in sonnigen Bergwiesen an. Ist im ganzen Alpenraum von 1000 bis 2800 m zu finden.

Frühlingsenzian oder „Schusternagerl"

Schusternagerl

Wächst in lockeren Rasen mit dicht beblätterten Trieben. Die fünf Zipfel der tiefblauen Blütenkrone mit hellerer Röhre sind flach ausgebreitet. Es gibt mehrere ähnliche Arten, die alle unter dem Volksnamen „Frühlingsenzian" zusammengefasst werden. Es wächst auf Magerrasen oder Steinrasen, in Quellfluren und Zwergweidenspalieren, vorwiegend auf Kalk. Verbreitung: In den Alpen, im Voralpenland und Mittelgebirge bis auf 3000 m anzutreffen.

Blauer Eisenhut

Der **Blaue Eisenhut** mit seiner unverkennbaren Helmform der Blüte wächst meist in Gruppen und wird bis zu 1 Meter hoch. Die zu den Hahnenfußgewächsen zählende Pflanze ist stark giftig und wächst bis auf 2100 m Höhe.

Buchberg, 889 m